Wendungen und Wandlungen

der

Deutschen Rechtswissenschaft.

Rede

zur Säcularfeier des Geburtstages

Friedrich Carl von Savigny's

am 21. Februar 1879

gehalten in der Aula der Universität Bonn

von

Dr. R. v. Stintzing,

Geheimer Justiz-Rath und o. Professor.

Bonn,

bei Adolph Marcus.

1879.

Wendungen und Wandlungen

der

Deutschen Rechtswissenschaft.

Rede

zur Säcularfeier des Geburtstages

Friedrich Carl von Savigny's

am 21. Februar 1879

gehalten in der Aula der Universität Bonn

von

Dr. R. v. Stintzing,

Geheimer Justiz-Rath und o. Professor.

Bonn,

bei Adolph Marcus.

1879.

Vorwort.

Der Inhalt dieser Blätter war ursprünglich nicht für den Druck bestimmt. Eine Festrede hat ihren Zweck erfüllt, wenn es ihr gelingt der festlichen Stunde Deutung und Weihe zu geben. Entschließe ich mich auf freundliches Zureden dennoch zur Publication, so geschieht es in dem Vertrauen, daß an das gedruckte Wort keine andern Ansprüche erhoben werden, als an das gesprochene gestellt werden durften. Sowohl der Zweck, wie die gegebene Beschränkung einer Rede rechtfertigt nicht nur, sondern erzwingt eine gewisse Einseitigkeit und Unvollständigkeit, die man einer Abhandlung nicht nachsehen würde. Was ich erstrebte war: die leitenden Gesetze und bewegenden Ursachen des Entwicklungsganges der deutschen Rechtswissenschaft an ihrem hohen Festtage in einer dem denkenden Zuhörer zugänglichen Form zur Anschauung zu bringen. Durch die erweiterte Perspective, in der Savigny's Wirken hier erscheint — eine Perspective, deren Durchführung Näherstehende wohl als den flüchtigen Wiederschein mit Liebe gepflegter Studien erkennen werden — unterscheiden sich diese Blätter von der vor 17 Jahren von dem Verfasser über Savigny publizirten Schrift, wenn auch manches schon Gesagte darin wiederklingt.

Ein guter Brauch der deutschen Hochschulen ist es, Tage, welche dem Gedächtniß der Heroen einer einzelnen Wissenschaft geweiht sind, zu allgemeinen akademischen Festtagen zu erheben. Durch solche Gemeinschaft der Feste legen wir Zeugniß ab von der Gemeinschaft der Arbeit und der Ziele, die uns zu einer großen Genossenschaft verbinden.

Dem aber, welcher berufen ist im Namen der zunächst betheiligten Fakultät das festliche Wort zu sprechen, erwächst daraus nicht nur die Pflicht, zu danken für die Theilnahme, welche die Festesfreude erhöht; sondern auch die schwerere Aufgabe, darzulegen, warum und in welchem Sinne der heutige Tag von uns gemeinsam gefeiert zu werden verdient.

Gestatten Sie mir, indem ich den Versuch wage, von einer allgemeinen Betrachtung auszugehen. — Es ist ein oftmals ausgesprochener Gedanke, daß der Entwicklungsgang des Menschengeschlechts uns das Bild einer langsam aufsteigenden Spirale darbietet, die vorwärts laufend und wieder rückwärts wendend, um einen festen Punkt sich aufwärts bewegt. Auch Wer den Entwicklungsgang eines Zweiges des Geisteslebens, einer Wissenschaft in großen Zeiträumen überschaut, nimmt wahr, wie die energisch vorwärts strebenden Bahnen sich in anfänglich kaum wahrnehmbarer Krümmung rückwärts wenden, und zu dem Punkte, von welchem sie ausgingen, zurückzukehren scheinen. Dem schärfer blickenden

Auge freilich entgeht es nicht, daß der scheinbar gleiche Punkt denn doch eine Stufe oberhalb des verlassenen liegt; und daß auch die rückläufige Bewegung die Richtung nach oben nicht verloren hat.

Zufällige Umstände sind es nicht, welche diese Erscheinung hervorbringen; sondern zwingende Gesetze, im Mittelpunkte der Bewegung, nöthigen sie, die gewundene Bahn einzuhalten. Nur das Früher oder Später des Eintretens der Wendung, nur die größere oder geringere Schärfe der Krümmung, ist durch Thatsachen bedingt, welche außerhalb der Wissenschaft liegen. Es sind die großen Thatsachen in der Gesammt-Entwicklung des Kulturlebens, deren mächtigem Einflusse sich kein einzelner Zweig zu entziehen vermag.

Wollen wir versuchen den Entwicklungsgang einer Wissenschaft zu begreifen, so müssen wir es wagen, sowohl die ihrer Arbeit immanenten Gesetze, als auch die äußern Erscheinungen zu deuten, welche in causaler Beziehung zu der Richtung ihres Ganges stehen.

Bei dem Einfachsten beginnend, leuchtet es ein, daß jede juristische Thätigkeit ihren Anfang nehmen muß mit der Hingabe an das Wort der geltenden Rechtssätze; von der mnemonischen Besitzergreifung schreitet sie fort zur Auslegung, als der ersten Form wissenschaftlicher Arbeit. Die Interpretation, von Verschiedenen geübt, ergiebt verschiedene Resultate; es entstehen Meinungsverschiedenheiten, die vielgeschmähten juristischen Controversen, gleich auf den ersten Schritten, welche die Wissenschaft versucht. Eine Literatur erwächst, die in der Form der Commentarien nach analytischer Methode sich fortbewegend, neue Meinungen zu Tage fördernd und die alten mit sich fortwälzend, zu immer breiterem Strome von Einzelheiten anschwillt. Lösungen der Streitfragen werden versucht, und je mehr der Bildungszustand einer Zeit von der Denkform schulmäßiger Dialektik beherrscht wird, desto mehr unterliegt die Jurisprudenz der Gefahr, sich spitzfindig mit formaler Wahrheit zu begnügen. Unmerklich aber verschiebt sich der Kampfplatz. Nicht mehr bewegt sich die Erörterung auf dem ursprünglichen Boden der Gesetzesworte; sondern die zahllosen Meinungen über sie, die Gründe für und gegen, die Urtheile über die Meinungen fesseln und absorbiren das Interesse. Der ursprüngliche Gegenstand wissenschaftlicher Arbeit entschwindet dem Gesichtskreis; in dem Labyrinthe der Meinungen verwirrt sich die Urtheilskraft; und um einen Pfad zu finden, ergeben sich Theorie und Praxis der Führung einer Autorität, welche nun herrschend an die Stelle des Gesetzes und des eigenen Urtheils tritt.

Dies ist die Entwicklungsbahn gewesen, welche die Rechtswissenschaft im Laufe des Mittelalters seit dem 12. Jahrhundert, von der Scholastik geführt, durchmessen hat; dies war die Gestalt, in welcher sie im 15. Jahrhundert von Italien nach Deutschland übertragen wurde.

Worin lag die Ursache der Entartung, des Verfalls? Scheint doch die Rechtswissenschaft, da sie ja nur einem immanenten Gesetze gefolgt war, zu solchem Entwicklungsgange bestimmt zu sein.

Und in der That ist es gewiß, daß die Jurisprudenz stets dieser Entartung verfallen wird, so lange sie sich einer rein analytisch-dialektischen Behandlung ihres Stoffes hingiebt; bis das zweite in ihrem Wesen liegende Gesetz zur Mitherrschaft gelangt, welches seine *historische* Betrachtung gebietet.

Es war die im 15. Jahrhundert erwachte Alterthumswissenschaft, der Humanismus, welcher der Rechtswissenschaft in Deutschland dieses zweite Gesetz zum Bewußtsein brachte. Der Ruf des Zeitalters der Reformation „zurück zu den Quellen!" führte auch die Jurisprudenz zu ihren geschichtlichen Grundlagen zurück. Fast wie eine neue Offenbarung durchleuchtete im Beginne des 16. Jahrhunderts das Bewußtsein der Zeitgenossen der einfache Satz, daß das Verständniß des römischen Rechts, welches im letzten Jahrhundert in Deutschland zur Herrschaft gelangt war, nicht aus den Commentarien der scholastischen Exegeten zu erlernen sei, sondern daß es der Wissenschaft zieme mit eigenem, freien Urtheil aus den reinen Quellen selbst unmittelbar zu schöpfen. Und für diese Arbeit sei jeder Zweig der Alterthumswissenschaft zu Hülfe zu rufen, um in die Gedankenwelt der Zeiten einzuführen, denen jene Quellen entsprangen.

Ulrich Zasius war der Erste, welcher in Deutschland muthig den Bruch mit der scholastischen Tradition wagte, welcher zuerst die Verbindung der Jurisprudenz mit den „bonae litterae" nicht nur nachdrücklich forderte, sondern auch in sich und seinen Schülern zur Thatsache machte. Und nicht lange währte es, so erschlossen sich neue Quellenschätze der emsigen Forschung zum Lohne. Schon 1518 fand Zasius Schüler Baldung in der Bibliothek des Klosters Murbach die erste Handschrift des Cajus epitomatus und der Sent. receptae des Paulus; bald folgte die Entdeckung des Codex Theodosianus, den Zasius Schüler Sichard 1528 in Basel herausgab. Um dieselbe Zeit kehrte der jugendliche Gregor Meltzer, genannt Haloander, mit reicher Ausbeute aus Italien zurück. Er war über die Alpen gezogen, um den Spuren zu folgen, die der große Polizian vor Jahren der Forschung gewiesen hatte. Und erstaunlich schienen die Schätze, die er heimbrachte: einen gereinigten Text der Pandekten auf Grundlage der bisher zwar aus der Ferne abergläubisch verehrten, aber selten benutzten Florentiner Handschrift; eine neue Recension des Justinianischen Codex, nach einer alten Handschrift, die Egnatius in Venedig ihm anvertraut hatte; endlich zum ersten Male den griechischen Originaltext der Novellen Justinians. In kaum 3 Jahren vollendete Haloander, vom Rath zu Nürnberg freigebig unterstützt, seine epochemachende Ausgabe des gesammten Corpus juris, um dann eine neue Forschungsreise nach Italien anzutreten, von der er nicht wieder heimkehren sollte.

Noch waren die gelehrten Freunde in Venedig und Padua von dem jähen Tode Haloanders erschüttert, als 1531 der junge Gelehrte Viglius von Zuichem aus Friesland unter ihnen erschien um, durch Erasmus, Zasius und Amerbach empfohlen, die Forschungen fortzusetzen, denen Haloander entrissen war. Die Andeutungen Polizians weiter verfolgend, gelang es ihm die griechische Paraphrase des Theophilus zu den Institutionen zu entdecken. Auch von der großen Byzantischen Bearbeitung des Justinianischen Rechts, den Basiliken, konnte er die erste Nachricht geben und sie zuerst in seinen Schriften benutzen.

Noch Vieles wäre zu berichten von der lebhaften Bewegung, welche durch das antiquarische Interesse in den Kreisen der deutschen Juristen erregt ward; von Bemühungen mannigfaltiger Art, die uns Zeugniß geben von dem frohen Triebe historischen Forschens und Schaffens. Denn neben der Spürkraft, mit welcher man die alten Bibliotheken nach verborgenen Schätzen durchsuchte, ging einher die Ausbeutung des alten und des neu gewonnenen Besitzes, um das historische Verständniß zu erweitern und zu vertiefen. Als Johann

Oldendorp aus Hamburg — in den kirchlich-politischen Kämpfen der nordischen Hansestädte ergraut, in die Bewegungen verflochten, welche sich an die Namen Jürgen Wullenwebers in Lübeck und Hermanns von Wied in Cöln anknüpfen — 1540 fast 60jährig noch mit jugendlicher Kraft zur gelehrten Arbeit in Marburg zurückkehrte, war er einer der Ersten, die es unternahmen, die alten römischen Gesetze der Könige und der Decemvirn nach den fragmentarischen Ueberlieferungen herzustellen; der Erste, dem ein Verständniß aufging für die Eigenthümlichkeiten des altrömischen Proceßverfahrens, dessen scharfe und exakte Struktur er als ein Correktiv gegen die verschwommene Breite des in Uebung stehenden gemeinen Processes empfahl.

Nicht näher will ich ausführen, wie dann unter dem Einflusse der großen französischen Juristen das historische Wissen ein reicheres, die Forschung eine exactere wurde. Denn zu der Zeit, als in der folgenden Generation gegen Ende des Jahrhunderts die Erfolge sich in ihrer ganzen Fülle hätten entfalten sollen, war die deutsche Rechtswissenschaft bereits an einem neuen Wendepunkt angelangt. — Verkennen wir nicht, daß weder die analytische Methode, noch die historische Betrachtung für sich allein zur Vollendung wissenschaftlicher Erkenntniß genügt. Einseitig gehandhabt und sich selbst überlassen, führen beide zu einer Zersplitterung in Einzelheiten, mögen sie nun durch dialektische Kunst oder durch antiquarische Forschung gewonnen sein. Das Recht aber ist nicht ein zufälliges Aggregat von Einzelheiten. Als organisches Produkt des menschlichen Geistes durch seine Gesetze bestimmt, ist es ein in sich logisch nothwendig zusammenhängendes Ganze, es ist ein System: und daher wird zum vollen Verständniß, zum Begreifen des

Einzelnen, zur Herrschaft über das Ganze, wie seine Theile, das Erkennen des systematischen Zusammenhangs erforderlich sein. Es ist das dritte Gesetz juristischer Wissenschaft.

Später zwar, aber in denselben Kreisen, welche von dem historischen Interesse bewegt wurden, machte sich auch dieses Gesetz als wissenschaftliches Bedürfniß geltend. Und, eigen genug: es kann auch hier der weckende Ruf von einer Stimme des classischen Alterthums, von Cicero, der, wie man fand, das „jus civile in artem redigere" als die höchste Aufgabe der Jurisprudenz bezeichnete. Sind wir, so fragte man, im Besitze dieser ars juris? herrscht in Justinians Gesetzgebung, wie sie uns vorliegt, eine systematische Ordnung, und führt die exegetische Behandlung des Corpus juris uns zu einem systematischen Verständniß? Und wenn man diese Fragen verneinen mußte, wenn man erkannte, daß die äußere Ordnung der Rechtsbücher nur ein durch äußere Umstände veranlaßter oberflächlicher Schematismus sei: so war damit auch die Aufgabe gestellt, den analytischen Weg zu verlassen, statt dessen die leitenden und verbindenden Gedanken aufzusuchen und aus dem überlieferten Material auf dem Wege der Synthese ein wohlgefügtes Ganze zu erbauen.

Wir beobachten, wie die Bemühungen in dieser Richtung, unscheinbar beginnend, langsam fortschreiten und sich erweitern. Man knüpft an das Nächstliegende, das Bedürfniß des juristischen Unterrichts an, der bisher, den Schüler mit einem Chaos von Einzelheiten überschüttend, eine geistige Herrschaft über das Ganze zu gewähren nicht vermochte. Hier schien eine Reform vor Allem geboten. Aber Statuten und Herkommen stellten der praktischen Durchführung Schwierigkeiten entgegen. Die amtlich vorgeschriebenen exegetischen Vorlesungen boten der Synthese keinen Raum und so flüchtete sie sich in die Privat-Vorlesungen jüngerer Gelehrter, aus denen dann die ersten kurzgefaßten Rechtssysteme, oft gegen den Willen ihrer Urheber, in die Oeffentlichkeit gelangten.

Nach Melanchthons, des großen praeceptor Germaniae Vorbild und in seiner Nähe, in Wittenberg, wurden die ersten Versuche systematischer Lehrbücher in der Jurisprudenz durch Johann Apell und Conrad Lagus unternommen. Melanchthons Einfluß weckte den ersten Versuch philosophischer Begründung des positiven Rechts durch Johann Oldendorp, den man als Vorläufer des Hugo Grotius zu bezeichnen pflegt. Eine mannigfaltige Literatur kleiner Schriften methodologischen Inhalts erwuchs, mancherlei, zum Theil recht wunderliche Formen systematischer Darstellung kamen zum Vorschein. Aber auch die Blüthezeit der großen französischen Juristenschule fand ihren Abschluß und in einer Richtung ihren Höhepunkt in Hugo Donellus System, den commentarii juris civilis, die er am Schlusse des Jahrhunderts, als flüchtiger Hugenott in Deutschland lebend, vollendete. Es ist an diesem großartig angelegten Werk ebenso sehr das tief eindringende Verständniß der Quellen, wie die Kraft der Synthese, welche das Ganze bis in seine feinsten Glieder hinein beherrscht, zu bewundern.

Gefolgt aber ist die Jurisprudenz weder in Frankreich noch in Deutschland Donells Vorbilde. Das systematische Bedürfniß ließ sich abfinden durch die sogenannte Philosophie des Petrus Ramus, welche mit ihrer plausibeln Methode in die Jurisprudenz wie in die übrigen Wissenschaften den Schein der Synthese trug, während sie in der That nur einen formalen logischen Schematismus gewährte, ohne tiefer in das Verständniß des Zusammenhangs einzuführen.

Es kam mit dem 17. Jahrhundert jene traurige Zeit der Noth, in der das Geistesleben Deutschlands zur dürrsten Nüchternheit zusammenschrumpfte unter der Eiseskälte des Jesuitismus und der Orthodoxie, deren Herrschaft in der Jurisprudenz, wie in der lutherischen Theologie der Name Carpzow bezeichnet.

Die Reaktion gegen die zersetzenden Nachwirkungen des Zeitalters der Reformation drängte zu dem ängstlichen Verlangen nach dem Positiven und Festen; und die Jurisprudenz, deren Träger mehr und mehr durch Ueberhäufung mit praktischen Pflichten in ihrer wissenschaftlichen Arbeit gelähmt wurden, fand unter den wilden Stürmen des großen Krieges ihre Aufgabe darin, in nüchternster Begränzung ihrer Ziele die wankenden Ordnungen der bürgerlichen Gesellschaft zu stützen und der Verwilderung der Sitten mit harter Zähigkeit zu trotzen.

War der historische Sinn des vergangenen Jahrhunderts der Entdeckung neuer Quellenschätze und der kritischen Arbeit an den alten froh gewesen, so empfand man jetzt die Mannigfaltigkeit des Besitzstandes als eine Beschwerde, ja als eine Gefahr für die Sicherheit der Theorie und Praxis. An die Stelle der Kritik trat die Autorität derjenigen Textesform welche die Gothofredischen Ausgaben des Corpus juris darboten: und fast 1½ Jahrhunderte lang haben diese den Büchermarkt, die Schule und die Rechtspflege beherrscht. Mit dem zum Sprichwort erhobenen Axiom: „Quidquid non agnoscit glossa, nec agnoscit curia!“ wies man die neu entdeckten Quellen von der Schwelle der Jurisprudenz zurück, und beschwor den Geist der Glossatoren wieder herauf, damit er die Gränzen des gültigen Quellen-Canon hüte! Mit ihren Decisionen und endlosen Commentarien beherrschten die Carpzow, Brunnemann, Mevius die Praxis, an welcher sie persönlich durch die ausgedehnteste judicielle Thätigkeit in den Spruchcollegien der Fakultäten den nachdrücklichsten Antheil nahmen. In zahllosen Dissertationen dürftigsten Inhalts, in den nach der ramistischen Methode gebauten Compendien Lauterbachs und Struvs, welche ein Jahrhundert lang dem akademischen Unterricht Stoff und Form gaben, fristete die Theorie ein geistloses Dasein.

So war in einem weiten Bogen die Jurisprudenz zur dürren Casuistik und zur Befangenheit in Schulformeln zurückgekehrt.

Aber neben diesem banausischen Treiben auf der breiten Heerstraße, wo die Kärrner sich drängten um die begehrte Waare für des Lebens Nothdurft fortzuschleppen, sind ernste Männer ihren festen Gang geschritten, sinnend, ob denn nicht über all' den wankenden Ordnungen und wilden Stürmen ein ewiges, unwandelbares Gesetz zu finden sei, das, dem menschlichen Geiste eingepflanzt, von seiner Vernunft, trotz aller Gegensätze, Anerkennung fordern dürfe. Kaum ist es nöthig, die Namen Hugo Grotius, Samuel Pufendorf, Leibnitz zu nennen. Aber der Einfluß, den sie auf die Rechtswissenschaft des 17. Jahrhunderts übten, beschränkte sich auf das Gebiet des öffentlichen Rechtes, welches sich damals nach wilder Gährung thatsächlich zu neuer Gestalt abschloß.

Es bedurfte erst der einschneidenden Satire des tapferen Christian Thomasius, des herben Spottes, mit dem er, auf der Grenzscheide des 18. Jahrhunderts, der Jurisprudenz den Spiegel vorhielt, um es wieder zu allgemeinem Bewußtsein zu bringen, daß sie ohne Vertiefung in die philosophischen und historischen Gründe, handwerksmäßig, oder, wie er zu sagen liebte, als „pedantische Gelahrtheit" verkommen müsse und verkommen sei. Was er selbst durch Zerstörung überlieferter Vorurtheile leistete; wie er den fortwirkenden Anstoß gab, um das Strafrecht von dem grausamen Unfug der Hexenverfolgungen und der Tortur zu befreien, bleibt ihm unvergessen. Die Rechtsphilosophie gewann durch ihn eine neue Gestalt; und was er auf dem historischen Gebiet anregte, das leisteten der jüngere B. G. Struv für das römische, J. H. Böhmer für das canonische, Georg Beyer für das deutsche Recht. In Joh. Gottl. Heineccius aber besaß Deutschland am Anfang des vorigen Jahrhunderts einen jener seltenen Gelehrten, der mit tiefster Gründlichkeit des Wissens auf den verschiedensten Gebieten der Jurisprudenz die Gabe methodischer und geschmackvoller Darstellung verband.

So war denn mit dem Beginn des 19. Jahrhunderts eine abermalige Wendung eingeleitet und eine neue Blüthezeit der Jurisprudenz war zu hoffen, wenn sich der casuistischen Behandlung die historische und die synthetische mit gleicher Kraft hinzugesellten.

Indeß vermag keine Wissenschaft den in ihr liegenden eigenen Gesetzen der Entwicklung ausschließlich zu gehorchen. Mit dem gesammten Geistesleben der Nation verwoben, ist auch sie bedingt durch die in diesem herrschenden Strömungen; und von den ihr immanenten Gesetzen wird dasjenige die Herrschaft gewinnen, welches der überwiegenden Geistesströmung des Zeitalters am nächsten verwandt ist.

Geringes Verständniß nur hatte der subjective rationalistische Sinn des 18. Jahrhunderts für den Werth des historisch Gewordenen; nur der aus dem Lichte der natürlichen Vernunft abgeleiteten Wahrheit wird volle Geltung eingeräumt. Das Wissen historischer Thatsachen, die Kenntniß der Rechtsantiquitäten, wie man sagte, erschien nur wie ein gelehrter Schmuck, ein Zierrath des eigentlichen Wissens; und bezeichnend genug nannte man die mit diesen beschäftigten die „eleganten“ Juristen — oder, wie Johann Jakob Moser sich auszudrücken liebte „die galanten Rechtsgelahrten“. Von diesen meinte der treffliche Mann in seiner unglaublich naiven Trivialität: sie kämen ihm vor wie ein brillantes Feuerwerk; aber ein Pfund gemeiner Lichter sei ihm lieber, weil sich dabei doch etwas Brauchbares schaffen lasse. Und der auch als Rechtsgelehrter hochverdiente Großkanzler Samuel von Cocceji wollte von historischer Ergründung des deutschen Rechts Nichts wissen, weil ihre Ergebnisse doch vor dem Lichte der Vernunft nicht bestehen könnten und nur zur Verwirrung der Praxis beitrügen.

So ergoß sich denn die geträumte Glückseligkeit der Aufklärung in breitem Strome über die Rechtswissenschaft. — Christian Wolfs Naturrecht führte den Reigen; nach der von ihm und seinen Schülern Cramer, Lyncker, Daniel Nettelbladt auf die Jurisprudenz applizirten sogenannten demonstrativen Methode, lernte man die große Kunst, durch eine Kette von Syllogismen zu beweisen, was sich für das einfache Urtheil von selbst verstand. Daß man die angeblich aus der menschlichen Vernunft a priori abgeleiteten Prämissen in Wirklichkeit dem positiven römischen Recht entlehnt hatte, merkte man kaum; und des Resultates froh, daß das a priori Deduzirte so trefflich mit dem positiv Gegebenen übereinstimme, gelangte man zu dem souveränen

Bewußtsein, die gesammte Rechtsordnung nach den Gesetzen der Vernunft zurechtmachen zu können — und zu der Ueberzeugung, daß andrerseits vom Positiven nur dasjenige eigentlichen Werth habe, was sich aus dem Lichte der Natur deduziren lasse.

Daß bei diesem munteren Vertrauen auf die Gaben der subjektiven Vernunft, und der fröhlichen Ueberhebung über das geschichtlich Gewordene, mit der Neigung auch die Fähigkeit zum exacten Verständniß des positiven Rechts erlosch, kann uns nicht überraschen. Ohne in die Bedeutung der Rechtssätze tiefer einzudringen, ohne die Begriffe nach ihren historischen Voraussetzungen zu prüfen, stellte man in der Theorie nach naturrechtlichen Gesichtspunkten eine Concordanz von Bestimmungen zusammen, die man dem römischen, canonischen und deutschen Rechte nach Ermessen entnahm, und nannte das Ganze den Usus modernus. Die Praxis folgte bereitwillig demselben Zuge, und erhob ohne Bedenken das subjektive Ermessen unter dem wohlklingenden Namen der Billigkeit zu einer Entscheidungsnorm, die über alle Schwierigkeiten mühelos hinwegsehen lehrte.

Daneben darf indessen nicht verkannt werden, daß diese Richtung in Wissenschaft und Praxis ihre eigenthümlichen, werthvollen Früchte hervorbrachte. Sie hat im Criminalrecht zu einer tieferen, humaneren Erfassung des Wesens von Verbrechen und Strafe geführt; auf dem Gebiete des öffentlichen Rechts die feudalen Grundlagen erschüttert und den Begriff des freien Staatsbürgerthums zur Geltung gebracht; im Privatrechte endlich der freien Beweglichkeit und Gleichheit die Wege gebahnt. Und nur thörichte Ueberhebung konnte in späterer Zeit die Verdienste verkennen, welche sich am Schlusse des Jahrhunderts die preußische Gesetzgebung durch das Allgemeine Landrecht erwarb. Es ist in zwiefacher Hinsicht ein Ergebniß seiner Zeit; negativ, indem es durch seine bis zur Casuistik getriebene Spezialität der in der Rechtspflege herrschenden Unsicherheit und subjektiven Willkür ein Ende machen will; und positiv, indem es die in Theorie und Praxis herrschenden Grundsätze zu gesetzlich geltenden Normen erhebt.

Aber auf die Rechtswissenschaft hat das preußische Landrecht keinen bemerkbaren Einfluß geäußert. Die Feindseligkeit gegen die Jurisprudenz, welche in der Cabinetsordre des großen Königs vom 14. April 1780 ihren Ausdruck findet, hat sein Werk nachhaltig entgelten müssen.

Der Grund, weshalb dies, mit so bedeutendem, umfassenden Aufwande tüchtigster Kraft ausgearbeitete Gesetzbuch, bis in die neueste Zeit nur in so überaus geringem Grade von der Rechtswissenschaft beachtet worden ist, scheint darin zu liegen, daß das Gesetzbuch selbst ein populäres Lehrbuch ist und daher zur synthetischen Bearbeitung keine Anregung giebt; daß es prinzipiell die Verbindung mit seinen geschichtlichen Grundlagen positiv abschneidet und daher die historische Betrachtung ausschließt; daß es durch seine bis zur Casuistik getriebene Spezialität selbst der analytischen Behandlung keinen Raum läßt; und daß es endlich durch ausdrückliche Bestimmungen sogar der Interpretation Fesseln anlegt. Zu dem Allen kommt nun aber, daß in den Jahren der Vorbereitung dieses Gesetzbuches sich bereits ein neuer Geist in der deutschen Rechtswissenschaft zu regen begann, der sich in der Bearbeitung des gemeinen Rechts großartig entfaltend, den Standpunkt der Urheber des Landrechts bald als einen veralteten erscheinen ließ. —

Es ist bekannt, daß neben der oberflächlich rationalistischen Richtung des Geisteslebens in der zweiten Hälfte des Jahrhunderts eine kritisch-historische Bewegung einherging, die von Lessing angeregt, von Fr. A. Wolf und seiner Schule weiter geleitet sich mit Herders tiefer, idealer Betrachtung der Geschichte verschwisterte. Wenn ein Jurist, von solchem Zuge des Geistes berührt, den Zustand seiner Wissenschaft mit dem Aufschwunge verglich, welchen die übrigen gewonnen, mit der Höhe des Geisteslebens, welches sich in der schönen Literatur abspiegelte: der mußte wohl bekennen, daß allein die Jurisprudenz in geschmackloser Barbarei zurückgeblieben sei. Gustav Hugo, seit 1788 Professor des römischen Rechts in Göttingen, war der Erste, der mit jugendlichem Muth dies keck verletzende Wort laut auszusprechen wagte. In zahlreichen Recensionen wies er den Koryphäen nach, wie sie in ihren sogenannten „theoretisch-praktischen“ Commentarien bei dem Mangel historisch-kritischen Verfahrens eine Summe der seichtesten Mißverständnisse und Abgeschmacktheiten fortschleppten. Wie vor einem Jahrhundert Thomasius seine „Pedanten“ zerzaust hatte, so zerrte jetzt Hugo an der behaglichen Ruhe conventioneller Oberflächlichkeit. Allein eben so wenig wie Thomasius, hat Hugo selbst es vermocht durch eigene Productionen die Wissenschaft auf diejenige Höhe zu erheben, welche ihm als Ziel vorschweben mochte.

Ein Größerer war dazu berufen: es ist Friedrich Carl von Savigny, der heute vor 100 Jahren in Frankfurt a. M. geboren wurde.

Klingt auch sein Name fremd, so war doch das alte lothringische Rittergeschlecht, dem er entstammte, von jeher treu dem deutschen Reiche zugethan, und, dem reformirten

Bekenntnisse anhängend, seit $1^1/_2$ Jahrhunderten schon in Deutschland ansässig gewesen. Savigny ist so von Grund aus deutsch, wie der größere Genius, der 30 Jahre vor ihm in derselben Vaterstadt geboren, damals in strahlender Jugendfülle zu Weimar seine neue Lebensbahn begründet hatte. Nicht gleichstellen wollen wir Savigny mit Goethe, wohl aber vergleichen dürfen wir die beiden großen Söhne Frankfurts, die von Jugend auf bis über die Gränzen gewöhnlicher Dauer des Lebens weit hinaus, von den kleinen Sorgen des Daseins unberührt, auf seinen Höhen gewandelt sind; in vornehmer Klarheit und sicherm Gleichmaaß ihrer Ziele und Erfolge gewiß, jeder auf seinem Gebiete ein Führer seiner Zeitgenossen. Und wie der junge Goethe durch seinen Götz und Werther sofort sich als den ersten Dichter Deutschlands bekundete, so ist Savigny in gleichem Lebensalter durch sein erstes Werk, — das Recht des Besitzes — im Jahre 1803 an die Spitze der deutschen Juristen getreten.

Denn hier war mit einem Schlage durch die That gezeigt, wie mittels der von Hugo geforderten Methode in eine der schwierigsten und verworrensten Lehren befriedigende Klarheit gebracht werden könne. Hier redete zum ersten Male ein hochgebildeter Geist juristisch in Lessing's und Goethe's edler Sprache, und erwies, daß auch für die Jurisprudenz die Zeiten der Geschmacklosigkeit vorüber seien. Mit kritischer Schärfe und historischem Verständniß in die Quellen eindringend, lehrte Savigny, wie in den Ueberlieferungen der klassischen römischen Juristen eine gesunde Reflexion des praktischen Verstandes walte, deren Resultate, von den vergänglichen Schalen historischer Bedingungen befreit, das wahrhaft Aechte und Bleibende im Rechte seien — nicht als ein a priori willkürlich Construirtes, sondern durch die Natur der Sache Gegebenes.

Wir datiren von Savigny's Recht des Besitzes eine neue Epoche der Jurisprudenz. Allein noch waren die tiefsten Gedanken der neuen Rechtswissenschaft nicht ausgesprochen. Sie reiften ihm in den Studien, die er, als Privatdocent und bald a. o. Professor in Marburg, damals Jacob Grimm's befreundeter Lehrer, dann Jahre lang auf Reisen pflegte, welche ihn durch die Bibliotheken Deutschlands und Frankreichs führten. Nachdem er dann seit 1808 eine Professur in Landshut bekleidet hatte, folgte er 1810 einer Berufung an die neugegründete Hochschule zu Berlin, und trat damit, als erster Lehrer des römischen Rechts, in die Kreise ein, von denen Deutschlands geistige und politische Wiedergeburt getragen ward. Hier, im lebendigsten Austausch mit Humbold, Niebuhr und dem großen Germanisten Eichhorn, seinem Kollegen; in den Zeiten intensivster Reflexion, welche unter dem Drucke politischen Elends die geistigen und sittlichen Kräfte zur endlichen Befreiung des Vaterlandes reiften — hier und in diesen Tagen gewannen die Gedanken feste Gestalt, welche schon als Ahnungen poetischen Fühlens und Sehnens die Romantiker erfüllt hatten; die jugendliche Dichterwelt, der Savigny durch seinen Schwager Clemens Brentano, trotz scharfer Gegensätze, persönlich nahe getreten war. Was Poesie und Wissenschaft innerlichst verband, das war die liebevolle Hingabe an die Betrachtung des geschichtlichen Daseins, die warme Ehrfurcht vor dem organisch Gewordenen, die tiefe Ueberzeugung, daß nicht Zufall und Willkür, sondern ewige, göttliche Gesetze der Entwicklung das Gesammtleben der Völker bestimme.

So erfaßte Savigny das Recht als ein organisches

Produkt des geschichtlichen Lebens, das nicht willkürlich ersonnen und gemacht, sondern als ein Zweig der gesammten Kultur, aus dem Leben des Volks, wie seine Sitte und seine Sprache und mit diesen erwachsen sei, sich gestalte, sich verändere. Wie daher zum Verständniß jeder Entwicklungsstufe die Ergründung der sie bedingenden Vergangenheit unentbehrlich, so sei auch jeder Fortschritt durch das Gesetz historischer Continuität bedingt.

Eine praktische Streitfrage von allgemeinster Bedeutung gab den ersten Anlaß die Grundanschauungen Savigny's öffentlich zu verhandeln.

Es war im Jahre 1814, nach der siegreichen Heimkehr der deutschen Heere, als Justus Thibaut, der gefeierte Rechtslehrer in Heidelberg, im Sinne vieler Patrioten die Forderung aussprach, das Werk der Befreiung und gehofften Einheit des Vaterlandes durch Herstellung der Rechtseinheit zu krönen, und daher die Abfassung eines allgemeinen deutschen Gesetzbuchs sofort in Angriff zu nehmen. Savigny trat ihm entgegen mit der berühmten Schrift „vom Beruf unserer Zeit für Gesetzgebung und Rechtswissenschaft". Nicht, als wenn er den hohen Werth der Rechtseinheit verkannt und sie weniger warm gewünscht hätte, als Thibaut. Aber er bestritt, daß das erwünschte Ziel durch ein neues Gesetzbuch erreicht werden könne. Denn, da man Oesterreich, Preußen und den Rheinlanden die ihnen jüngst erst verliehenen Gesetzbücher nicht schon wieder nehmen wolle und werde, so würde das neue Gesetzbuch doch nicht das ganze Deutschland umfassen und demnach nur die Zersplitterung steigern und für unabsehbare Zeiten sanktioniren.

Dann aber, so fuhr Savigny fort, möge man sich über Werth und Bedeutung umfassender Gesetzgebungen keiner Täuschung hingeben. Jeder Gesetzgeber, so frei und mächtig er sich dünken möge, stehe unter der Herrschaft des geschichtlich Gegebenen. Wohl könne er im Einzelnen bessern und ändern, im Wesentlichen aber spreche jeder Gesetzgeber nur aus, wie er das ohne ihn gewordene Recht verstehe, und auch das Neue, welches er schaffe, sei durch das Verständniß des Gegebenen, das seine Begriffe und Ziele gestalte, wesentlich bedingt. Daher sei denn jede umfassende Gesetzgebung im letzten Grunde nur ein Niederschlag der zu ihrer Zeit herrschenden Rechtswissenschaft, fixire also auch ihre Irrthümer und Mängel.

Als unabweisbare Folgerung aus diesen Sätzen ergab sich, daß nur eine Zeit hochentwickelter Rechtswissenschaft den Beruf zur Gesetzgebung habe, und folglich die damalige deutsche nicht. Denn es fehle ihr bis jetzt das klare und tiefe Verständniß des deutschen Rechtszustandes, welches nur durch historische Ergründung der römischen und deutschen Elemente, aus denen er geschichtlich zusammen gewachsen, gewonnen werden könne. Aber ein tüchtiger Anfang sei gemacht, der historische Sinn sei belebt: man möge der Wissenschaft freie Bahn zur Entwicklung lassen, statt ihren unvollkommenen Zustand in einem Gesetzbuch zu fixiren. —

Thibauts patriotische Wünsche blieben unerfüllt; zu einer allgemeinen deutschen Gesetzgebung ist damals und in der nächstfolgenden Zeit nicht einmal der Versuch gemacht worden. Aber sicherlich wird Keiner, der die politischen Zustände nach den Befreiungskriegen sich vergegenwärtigt, glauben, daß ohne Savigny's Widerspruch das Werk einer gemeinsamen deutschen Gesetzgebung auch nur möglich gewesen wäre.

Desto kräftiger entwickelte sich die Wissenschaft unter Savigny's Führung. In Verein mit Eichhorn und Göschen schuf er seiner Richtung, die sich von jetzt an die „historische Schule" nannte, ein Organ in der „Zeitschrift für geschichtliche Rechtswissenschaft", das bis zum Jahr 1850 unter seiner Leitung erschienen ist.

Bei Begründung dieses Organs sprach sich Savigny noch einmal in bemerkenswerther Weise über die Bedeutung seiner Richtung aus, indem er den Unterschied der historischen und unhistorischen Methode auf einen höheren, allgemeineren Gegensatz zurückführte, der seine Wurzeln tief in das ethische Gebiet hinein treibt. Die Einen, sagt Savigny, sind der Meinung, daß jedes Zeitalter seine Welt willkürlich hervorbringt, gut oder schlecht, je nach dem Maaße seiner Kraft und Einsicht. Nach der Lehre der Anderen dagegen giebt es kein abgesondertes menschliches Dasein und jedes Zeitalter bringt seine Welt nicht willkürlich hervor, sondern in unauflöslicher Gemeinschaft mit der Vergangenheit, deren Fortsetzung und Entwicklung die Gegenwart ist.

Dieser hier von Savigny bezeichnete Gegensatz ist derselbe, den Goethe uns vergegenwärtigt, wo er den Baccalaureus triumphirend rufen läßt:

„Die Welt sie war nicht eh' ich sie erschuf —"

und Mephistopheles bedächtig erwidert:

„Wie würde dich die Einsicht kränken —
Wer kann was Dummes, wer was Kluges denken,
Das nicht die Vorwelt schon gedacht!"

Wenn Mephisto hier, wie es für ihn sich ziemt, die ethische Bedeutung des Gegensatzes verschweigt, wir wollen sie desto stärker betonen in Bezug auf das Recht. Nicht wenn wir es ansehn, als ein Conglomerat zufälliger und willkürlicher

Satzungen, sondern nur dann, wenn wir es erkennen als ein nach göttlichem Rathschluß aus dem Gesammtleben des Volks hervorgewachsenes und zu seinem Wesen gehöriges Ergebniß geistiger organischer Entwicklung, kann es uns mit der Ehrfurcht durchdringen, welche wir ihm entgegenbringen müssen, um es zu verehren, als eine Macht, die es werth ist ihr mit unsern besten Kräften in Leben und Wissenschaft zu dienen. Und diese sittliche Erhebung unseres Berufs verdanken wir Savigny.

Ausgesprochen ist mit der Allgemeingültigkeit der Grundanschauung der historischen Schule und ihres Gegensatzes, zugleich auch ihre Bedeutung für das öffentliche Leben der Nation. Unvergessen bleibe es Savigny, daß er für die historisch überlieferte Freiheit und Gemeinschaft der Wissenschaft mit seinem gewichtigen Worte eingetreten ist, als dem Wesen und Dasein der deutschen Universitäten in den Zeiten der Demagogenhetze ernste Gefahren drohten. Wie es aber mit großen Wahrheiten zu geschehen pflegt, daß sich die Parteien ihrer zu ganz entgegengesetzten Zwecken zu bedienen suchen, so geschah es auch mit der Lehre der historischen Schule. Der Satz, daß das Recht ein naturwüchsiges Produkt des Volksgeistes sei, ließ sich in demokratischem Sinne deuten und ist gleich anfänglich als eine der Staatsautorität gefährliche demagogische Lehre denunzirt worden. Und gerade umgekehrt hat man später auf den einfachen Gedanken, daß der Rechtszustand der Gegenwart durch den der Vergangenheit bedingt sei, einen hyperconservativen Katechismus aufgebaut. Die ehrfürchtige Schonung des Ueberlieferten schlug um, in die praktische Neigung zu romantischer Reaction auf dem kirchlichen und politischen Gebiet, unter der wir gelitten haben. Und die

Forderung, daß die Entwicklung unserer Zustände eine organische und naturwüchsige sein müsse, ist zu einem gefährlichen Quictismus übertrieben worden. Man vergaß oder ignorirte, daß neben der geschichtlichen Nothwendigkeit die freie That des Individuums mächtig und berechtigt dasteht, daß nicht blos die Elemente der Vergangenheit, sondern auch die Kräfte und Bedürfnisse der Gegenwart in den Fluß der Geschichte gehören.

Die wahren und bleibenden Gedanken der historischen Schule dagegen, von Uebertreibungen und Mißdeutungen befreit, sind so tief in unser Gesammtbewußtsein übergegangen, daß wir kaum begreifen, wie sie jemals neu gewesen sein können.

Damals aber, als Savigny's beredtes Wort sie zuerst verkündete, weckten sie ein neues Leben in der Wissenschaft des Rechts. Und weit über ihre Gränzen hinaus wirkte sein Thun und seine Persönlichkeit. Jurisprudenz und Philologie reichten sich wieder einmal die Hand zum Bunde; dankbar haben Niebuhr und Jakob Grimm die befruchtende Anregung und Förderung gepriesen, welche sie bei ihren bahnbrechenden Arbeiten durch Savigny empfingen.

Es war eine Zeit des frohen Schaffens ähnlich wie es sich vor drei Jahrhunderten um Zasius bewegt hatte. Und wie damals ein freundliches Schicksal die emsigen Forscher mit glücklichen Funden neuer Quellen lohnte, so geschah es auch jetzt. Niebuhr entdeckte im Jahr 1816 in der Bibliothek des Domcapitels von Verona die ächten Institutionen des Gajus, ein Quellenwerk, welches uns ein ganz neues Verständniß der Geschichte des römischen Rechts eröffnet hat. Andere Entdeckungen folgten; und wie zu den Zeiten Haloanders, so zogen auch jetzt wieder jugendliche Rechtsgelehrte aus Deutschland über die Alpen um in den Bibliotheken verborgene Schätze zu heben, die gefundenen zu enträthseln. Nicht will ich sie aufzählen die glücklichen Finder, noch die Gaben, welche sie dem römischen und dem deutschen Rechte zubrachten; auch unternehme ich es nicht die Männer alle zu nennen, deren Namen mit der Blüthezeit der historischen Schule ehrenreich verknüpft sind. Aber Eines auszusprechen ist meine Pflicht: von allen deutschen Hochschulen hat nächst Berlin keine in gleichem Maaße das Recht sich des Glanzes der historischen Schule zu rühmen, wie die unsrige, an der einst Niebuhr lehrte, die vor Zeiten Hasse und Bethmann-Hollweg zu ihren Mitgliedern zählte, an der Böcking's und Bluhme's Wirken noch in frischester, dankbarer Erinnerung lebt.

Ueberschauen wir was die historische Schule geschaffen hat, den neu gewonnenen Besitz und seine geistige Verwerthung bis in unsere Tage hinein: so mögen wir wohl sagen, das Zeitalter der Entdeckungen habe sich nach drei Jahrhunderten wiederholt. Aber, getragen von den Leistungen der Vergangenheit, erscheint es bei seiner Wiederkehr auf eine höhere Stufe gehoben. Denn wenn auch das 19. Jahrhundert vielleicht keinen einzelnen Gelehrten hervorgebracht hat, den wir an Umfang des Wissens und der Produktion mit einem Cujas gleichstellen dürfen; so überragt doch ohne Zweifel die Gesammtheit dessen, was gewußt wird und die Art wie es gewußt wird, weitaus das 16. Jahrhundert. Nicht nur hat die kritische Methode eine Vollendung erreicht, wie nie zuvor; sondern vor Allem ist durch die Schule Savigny's das antiquarische Wissen zu einem historischen geworden, d. h. zu einem solchen, welches die einzelnen Thatsachen zu einem organischen Ganzen zusammenfaßt und sie als Momente eines lebendigen Entwicklungsganges zu begreifen sucht.

In diesem Sinne ist auf dem Gebiete des römischen Rechtes fortgearbeitet und die blühende Wissenschaft des deutschen Rechts in Wahrheit erst geschaffen worden. In diesem Sinne hat Savigny selbst es unternommen den Zeitraum aufzuhellen, in welchem das römische Recht nach Justinian im Abendlande fortgelebt hat, ehe es zu uns nach Deutschland kam. Seine siebenbändige Geschichte des römischen Rechts im Mittelalter, ein Werk umfassendster Forschung in klassischer Form, führt uns bis zum Schlusse dieses Zeitraums. Es ist uns ein Vorbild, dem wir heute nachstreben, um für die Geschichte des canonischen Rechts Aehnliches zu leisten, und für die Geschichte des römischen Rechts die Lücke auszufüllen, welche zwischen dem Mittelalter und unseren Tagen liegt, damit wir die historischen Gründe seiner noch heute bestehenden Herrschaft begreifen lernen.

So sind wir an die Gegenwart herangeführt. Aber nicht ist mit dem bisher Gesagten der Standpunkt unserer heutigen deutschen Rechtswissenschaft erschöpfend bezeichnet.

Wer das letzte Dritttheil des Jahrhunderts, dessen Abschluß wir heute feiern, lernend und mitarbeitend durchlebt hat, der kann aus eigner Erfahrung Zeugniß geben, wie er, um in dem alten Bilde zu reden, den Gang der Entwicklung sich abermals in gebogener Linie wenden sah.

Die Herrschaft der historischen Schule neigte ihrem Ende zu. Auch in die Rechtswissenschaft drang jene Bewegung ein, welche die Hegelsche Philosophie auf allen Gebieten des geistigen Lebens erweckt hatte. Mit dem Wissen des Thatsächlichen und seinem historischen Verständnisse will man sich nicht mehr begnügen; man will das Sein und das Werden begrifflich erfassen, Gegenwart und Vergangenheit als die Wirklichkeit der Ideen verstehen lernen. So regt sich auch in der Jurisprudenz das Verlangen das Thatsächliche auf seinen Begriff, die Einzelheiten auf das Allgemeine zu höherer Einheit zurückzuführen; und mit einer bisher ungewohnten Schärfe der Dialektik beginnt man die Begriffe zu prüfen, zu formuliren und synthetisch zu verbinden. Es war ein Wendepunkt, ähnlich dem, welchen wir am Schlusse des 16. Jahrhunderts beobachteten, als aus der französischen Juristenschule Donell's Synthese hervorging.

Wenn aber damals die synthetische Richtung im Gegensatze stand zur antiquarischen und bald in leerem Schematismus verkam, so zeigte sich jetzt die höhere Entwicklungsstufe der Rechtswissenschaft darin, daß historische und synthetische Betrachtung nicht als feindliche Gegensätze, sondern als zwei gleichberechtigte, einander ergänzende Formen der wissenschaftlichen Thätigkeit erfaßt wurden, und Savigny selber bekannte durch die That, daß die Zeit gekommen sei in die Synthese einzulenken.

Befremdend zwar für die Fernerstehenden, wohl verständlich dagegen für alle Diejenigen, welche wußten, daß Savigny nicht das Ergründen des Einzelnen, sondern das Zusammendenken zu einem Ganzen als die höchste wissenschaftliche Aufgabe betrachtet hatte — erschien im Jahre 1840 sein System des heutigen römischen Rechtes, ein Werk, welches in der Größe seiner Anlage sowohl, wie in der Form der Darstellung mit Donells oft genanntem Werke verglichen werden kann. Es liegt uns vor in 10 Bänden, ohne zur Vollendung gelangt zu sein, die man anfangs von der rüstigen Kraft des 60jährigen Verfassers hoffen durfte. Die

Hoffnung schwand, als er im Jahre 1842 von der akademischen Thätigkeit zurücktrat, um das für ihn gestiftete Ministerium für die Revision der Gesetzgebung zu übernehmen, das er bis zum Jahre 1848 verwaltete. Aber auch unvollendet, wie es uns vorliegt, bleibt es ein epochemachendes Werk.

Keineswegs zwar ragt es hervor durch prinzipielle Schärfe oder Durchsichtigkeit der systematischen Gliederung; von einem direkten Einfluß der Hegelschen oder Schellingschen Philosophie ist Nichts wahrzunehmen. Savigny's Synthese ist nicht durch dialektische Methode, sondern durch die eigenthümliche Kraft juristischer Intuition bewegt, mit welcher er die Rechtsinstitute, sie tief und lebendig erfassend, vor uns aufbaut. Er hat diese Kunst erworben in dem Studium der klassischen Juristen des alten Roms, dem sein Leben gewidmet war. Und wie sich hierin der Gewinn offenbarte, den die synthetische Jurisprudenz aus der historischen ziehen konnte und gezogen hatte, so trat dasselbe noch in einer anderen, bedeutsameren Beziehung hervor. Nicht war, wie wohl Manche von dem Haupte der historischen Schule erwarten mochten, in diesem System des heutigen römischen Rechts der Versuch gemacht worden, den Antiquitäten eine besondere Wichtigkeit beizulegen und von ihnen eine möglichst große Zahl künstlich zu beleben, sie als praktisches Recht darzustellen: gerade das Gegentheil war der Fall. Denn eben das historische Verständniß hatte Savigny mit größerer Sicherheit als vor ihm manchen Anderen zur Scheidung des Abgestorbenen von dem Lebendigen geführt. Von zahlreichen Rechtslehren, die bis dahin in unserer Theorie ein Scheinleben geführt hatten, wies er nach, daß sie, in ihren Wurzeln verdorrt, aus dem heutigen Rechtssysteme auszuschließen seien.

Es ist seitdem ein unter den Juristen nicht mehr bestrittener Satz, daß das praktische Ziel historischer Rechtswissenschaft nicht sei, das Abgestorbene zu beleben und die Gegenwart unter die Bildungen der Vergangenheit zu beugen; sondern daß es liege in einer klaren und sicheren Auseinandersetzung zwischen uns und den Römern einerseits, zwischen uns und unsern deutschen Vorfahren andererseits.

So ist nun Savigny mit seinem letzten großen Werke auch der im letzten Vierteljahrhundert immer mächtiger anschwellenden Bewegung unseres Volks entgegengekommen, welche auf nationale und praktische Ziele gerichtet war. Wir sind seitdem in unserer Rechtswissenschaft mit jener vorhin bezeichneten Auseinandersetzung beschäftigt; bemüht die große Erbschaft zu reguliren, welche wir von den Römern und unsern deutschen Voreltern überkommen haben, um auszuscheiden, was uns nicht zukommt und festzustellen, was uns gebührt. Und was wir so auf Grund historischer Betrachtung als das Unsrige in Anspruch nehmen, das suchen wir begrifflich zu ergründen, synthetisch zu gestalten, um es voll und ganz zu unserm geistigen Eigenthum zu machen.

Daß diese Richtung der Wissenschaft, unter dem Drängen der praktischen Bedürfnisse und patriotischer Wünsche, unter der Gunst politischer Veränderungen, zu einer allgemeinen deutschen Gesetzgebung führen müsse, war uns Allen, die wir in der Bewegung standen, längst unzweifelhaft. Auf dem beschränkten Gebiete des Wechselrechts beginnend, zum Handelsrechte und Strafrechte weiter fortschreitend, hat die gesetzgebende Thätigkeit schließlich das gesammte Rechtsleben der Nation in ihren Bereich gezogen. In einem halben Jahrhundert ist der Kreislauf vollendet und dasselbe Jahr, welches uns heute zur Gedächtnißfeier des großen Gegners der Gesetzgebung vereinigt, wird durch das Inkrafttreten umfassender Gesetze den Schlußstein einfügen in das Gewölbe, welches in naher Zukunft das große Civilgesetzbuch als Krönung des Werks deutscher Rechtseinheit tragen soll.

Savigny hat kaum den Anbruch dieser Tage gesehen; am 25. Oktober 1861 setzte ein sanfter Tod seinem Leben ein Ziel, das in jedem Betracht ein großes und schönes war.

Wie würde Er urtheilen, wenn er mit voller Frische des Geistes erlebt hätte, was jetzt geschieht?

Zwar glauben wir nicht, daß er Wohlgefallen haben würde an dem organisirten Einflusse des Unverstandes auf die Gesetzgebung und an ihrer rapiden Massenproduktion. Dennoch würde er mit stolzer Freude die gewonnene Rechtseinheit begrüßen: denn er dürfte sich sagen, daß nicht zum Wenigsten durch das, was Er für seine Nation gethan, die jetzige Zeit mit der Fähigkeit, auch den Beruf zur Gesetzgebung erlangt hat.

Uns aber Allen, die wir als Glieder des deutschen Volks uns des Erreichten freuen und in der Zukunft die Segnungen der erworbenen Rechtseinheit genießen werden, uns Allen ziemt es, das Gedächtniß des großen Mannes dankbar zu bewahren und treu den kommenden Geschlechtern zu überliefern.

Und nun zum Schluß die Frage: wohin gehen wir? Bewegt sich die Entwicklung abermals in rückläufiger Curve und wird auf die historische und synthetische Richtung nun wiederum die dürre Analyse und triviale Casuistik folgen? Wer will es entscheiden. Aber angesichts dieser Frage sei es mir gestattet ein ernstes Wort an Sie zu richten, meine Herren Commilitonen, die Sie dem Studium des Rechts und seiner Anwendung Ihr Leben gewidmet haben: denn Ihnen gehört die Zukunft, nach der wir fragen.

Nicht will ich diese Feierstunde durch bittere Betrachtungen trüben. Aber in einer Zeit, welche, stolz auf die errungenen praktischen Erfolge, geneigt ist, nur solche Arbeit werth zu schätzen, welche jene unmittelbar hervorzubringen verspricht, kann es nicht wundern, daß ein trockner Wind von Oben und eine kalte Strömung von Unten unser Schifflein den Klippen wissenschaftlicher Sterilität entgegen zu treiben droht. Wenn wir dieser Strömung nachgebend, nur um die Noth des täglichen Bedürfnisses besorgt, uns der tieferen, wissenschaftlichen Arbeit entwöhnen; wenn wir bei Studium und Handhabung der neuen Gesetzbücher die geistige Brücke abbrechen, welche sie mit der Vergangenheit verbindet; so wird allerdings eine Zeit banausischer Oede beginnen. Nicht zwar ist es mir bange um die Wissenschaft selber. Mächtiger als Wind und Fluthen des Tages, wird sie bestehen bleiben, wenn auch vielleicht eine Zeit lang nur von den Stillen im Lande bewahrt und gepflegt. Aber die Pflege des Rechts und das gesammte geistige Leben der Nation wird schweren Schaden leiden. Denn es handelt sich bei der Bildung des Juristen fürwahr nicht blos darum, ihn mit der Fertigkeit für seinen nächsten Amtsberuf auszurüsten.

Geschichtliche Thatsachen lassen sich nicht ungestraft vergessen. Diese aber haben es nun einmal in Deutschland so gefügt, daß der Stand der Juristen zu einem der mächtigsten Elemente im gesammten bürgerlichen Leben geworden ist. Und daraus erwachsen uns die höchsten Pflichten, die weiteste Verantwortlichkeit. Denn sollte es geschehen, daß unser Stand innerlich sinkt und verfällt, so wird er die weitesten Kreise, wird er das gesammte Niveau der nationalen Bildung und Gesittung mit sich herniederziehn. Heute noch preisen wir im Andenken Savigny's die reiche Erbschaft, die uns zugefallen. Vergessen wir nicht Goethe's Wort voll historischer Wahrheit und praktischer Weisheit:

Was du ererbt von Deinen Vätern hast
Erwirb es um es zu besitzen!

Universitäts-Buchdruckerei von Carl Georgi in Bonn.

Universitäts-Buchdruckerei von Carl Georgi in Bonn.

FSC
www.fsc.org
MIX
Papier | Fördert gute Waldnutzung
FSC® C083411

Kolibri 360 GmbH
Ferdinand-Jühlke-Straße 7
99095 Erfurt, Deutschland
produktsicherheit@kolibri360.de